Het vrouwtje van Stavoren

geschreven door Arthur Japin
bewerkt door Peter Smit
geïllustreerd door Jan Cleijne

RUBINSTEIN

EEN LUXE GOUDEN BOEKJE

OORSPRONKELIJK NEDERLANDS LUXE GOUDEN BOEKJE

ISBN 9789047625162

Published by Rubinstein Publishing bv, Amsterdam by arrangement with Random House Children's Books, a division of Penguin Random House LLC, New York, New York, U.S.A.
Tekstbewerking Peter Smit

Vormgeving Villa Grafica

Deze uitgave kwam tot stand met medewerking van Xsaga, Amsterdam.

Dit Gouden Boekje kwam tot stand in samenwerking met het Zuiderzeemuseum, Enkhuizen.

ZUIDERZEE MUSEUM

www.rubinstein.nl
www.goudenboekjes.nl
www.zuiderzeemuseum.nl

Het was Kerstmis in Stavoren en het was bitterkoud. De vissers zaten met hun vrouwen en kinderen binnen. Ze zaten rond de haard en zongen liedjes. In de kerstboom brandden kaarsjes. Ze zaten met hun rug naar het raam. Op een nacht zo koud als deze, waagde niemand zich op straat.

En toch… daar ging een schim. Het was een meisje, Frouwkje. Ze had geen muts of lange jas, maar de vrieskou leek haar niet te deren. Ze huppelde met een verliefde glimlach langs de zerken rond de kerk. Ze trok de deur open, danste de kerk binnen en riep: 'Atte! Atte?' Het was donker in de kerk, dus haar ogen moesten even wennen. Toen zag ze hem staan, bij het altaar. Haar Atte! De matroos met wie ze wilde trouwen!

Ze danste naar hem toe. Toen ze vlakbij was knielde hij voor haar neer. 'Ik hou van jou,' zei Atte. 'Ik wil niets liever dan met jou trouwen!' Hij stak zijn arm uit en Frouwkje zag iets in zijn hand liggen. Een gouden ring! Frouwkje voelde geen kou en zag niet dat het donker was in de kerk. Ze zag alleen een warm, gouden licht en een glanzende ring. 'Dat wil ik ook,' fluisterde ze zacht. 'Heel graag!'

Ze kusten elkaar en hielden elkaar stevig vast. Ze waren in de zevende hemel, maar wisten allebei dat ze daar niet lang konden blijven. Het schip van Atte zou morgenochtend uitvaren. Hij moest vanavond al aan boord gaan. Ze liepen hand in hand naar de haven. Bij het schip stonden ze stil.

Atte keek haar ernstig aan. 'Ik kom terug en zie je weer,' zei hij. 'Dan staan we samen bij het altaar in de kerk, Frouwkjelief. En dan ben jij voor altijd mijn vrouw. Mijn eigen vrouwtje van Stavoren. Nou, tot gauw.'

De dagen na Kerstmis waren bitterkoud. Maar ze leken voor Frouwkje ook veel langer te duren. Met Atte vloog de tijd voorbij. Zonder Atte leek een uur wel een hele dag. Frouwkje dacht de hele dag aan Atte. Overdag, bij het garnalen pellen, zag ze hem de zeilen hijsen. 's Avonds, bij haar borduurwerk, zag ze hem bij de reling staan. En 's nachts, als ze sliep, zag ze hem in vreemde havens over de kade lopen.
Ze zag hem bij de Hangende Tuinen van Babylon. Bij de Vuurtoren van Alexandrië. En bij de Piramiden van Egypte. Maar hij was nooit alleen. Er stond altijd een meisje naast hem. Het meisje was gekleed in prachtige gewaden en droeg aan een van haar vingers een ring van blinkend goud. Dat meisje was zijzelf: Frouwkje van Stavoren!

Zo gleden de dagen langzaam, heel langzaam voorbij. Frouwkje pelde garnalen en droomde van Atte. Ze borduurde een kussen en droomde van Atte. En als ze sliep droomde ze van... Atte. Ook toen er op een ochtend werd aangeklopt stond ze van Atte te dromen. Wie klopte daar? Was het Atte? Ze sprong op en vloog naar de deur. Maar het was Atte niet. Het was de loopjongen van de rederij waar Atte voor werkte. 'Je moet meteen meekomen,' zei hij.

Frouwkje liep met een angstig gevoel naar de haven. Daar stond de reder haar in zijn kantoor op te wachten. Hij keek haar met zulke droevige ogen aan dat ze wist dat er iets ergs gebeurd was. En dat was ook zo. De stuurman was door een hoge golf overboord geslagen en Atte was hem nagesprongen. De stuurman was gered maar Atte was in de golven verdwenen…
'Hij was een held,' zei de reder. 'We zullen hem nooit vergeten.'

Toen Frouwkje even later weer naar buiten liep sneeuwde het. De wind maakte haar tranen koud als ijs. De vlokken dansten, maar Frouwkje voelde bij elke stap haar voeten zwaarder worden. Bij een bocht in de dijk hield ze stil. In haar hand voelde ze de ring. De ring die ze van Atte kreeg, waarbij hij beloofde: Tot gauw, mijn eigen vrouwtje van Stavoren. Hij had het bij het verkeerde eind gehad. Tot gauw? Niks tot gauw! Het was: Tot nooit!

De vrieswind trok aan en joeg de sneeuw langs haar hoofd. Maar Frouwkje voelde geen kou. Ze voelde een woede, een laaiende woede tegen de zee. Ze trok de ring van haar vinger en nam hem in haar vuist. Met die vuist zwaaide ze dreigend naar de stormwind en de woeste golven. En ze zweerde dat ze ooit, op een dag, die harteloze zee klein zou krijgen.

De jaren gingen voorbij, maar het verdriet van Frouwkje werd niet minder. Wel werd ze, stapje voor stapje, steeds rijker. Ze had haar ring geruild voor een aandeel in een scheepsvracht. Toen het vrachtschip terugkwam bracht de lading veel geld op. Ze kon de ring terug kopen en hield genoeg geld over om een nieuw aandeel te kopen. Ook dat aandeel leverde veel op.

Frouwkje gaf weinig geld uit, want ze had nergens plezier in. Ze besteedde bijna alles aan nieuwe aandelen. Na een jaar had ze genoeg geld om een eigen schip te kopen. En daarna nog een, en daarna zelfs twee tegelijk. En telkens als ze een schip kocht dacht ze even: Wat zou Atte trots op mij zijn geweest. Hij zou mij vast en zeker in zijn armen hebben genomen. En in mijn oor hebben gefluisterd: 'Nou, nou, wat ben ik trots op jou, mijn vrouwtje van Stavoren!'

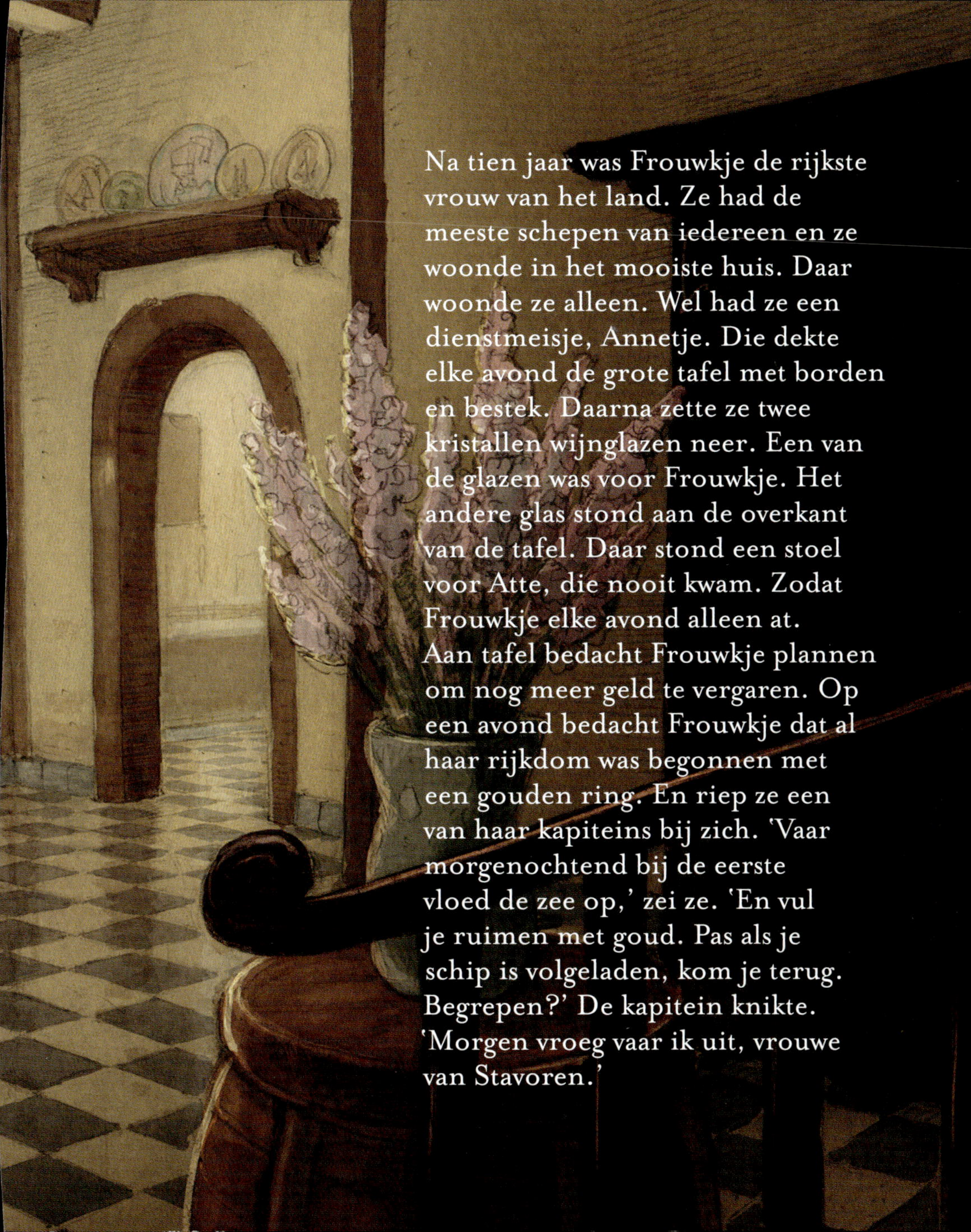

Na tien jaar was Frouwkje de rijkste vrouw van het land. Ze had de meeste schepen van iedereen en ze woonde in het mooiste huis. Daar woonde ze alleen. Wel had ze een dienstmeisje, Annetje. Die dekte elke avond de grote tafel met borden en bestek. Daarna zette ze twee kristallen wijnglazen neer. Een van de glazen was voor Frouwkje. Het andere glas stond aan de overkant van de tafel. Daar stond een stoel voor Atte, die nooit kwam. Zodat Frouwkje elke avond alleen at.
Aan tafel bedacht Frouwkje plannen om nog meer geld te vergaren. Op een avond bedacht Frouwkje dat al haar rijkdom was begonnen met een gouden ring. En riep ze een van haar kapiteins bij zich. 'Vaar morgenochtend bij de eerste vloed de zee op,' zei ze. 'En vul je ruimen met goud. Pas als je schip is volgeladen, kom je terug. Begrepen?' De kapitein knikte. 'Morgen vroeg vaar ik uit, vrouwe van Stavoren.'

Een hele tijd later zette de zon de pakhuizen van Stavoren in een gouden gloed. De vrouwe van Stavoren zag het toen Annetje de gordijnen openschoof. Tegelijk werd er door een bode op de deur gebonsd. 'De kapitein is terug! Met zijn ruimen barstensvol!' Haastig kleedde Frouwkje zich aan. De ruimen vol goud! Hetzelfde metaal als van de ring die Atte haar gaf!

Met stralende ogen haastte Frouwkje zich naar de haven. Maar toen ze zag wat er in de ruimen zat verdween haar vreugde. 'Dat is graan,' schreeuwde ze tegen de kapitein. 'Je moest goud halen!' De kapitein knikte. 'Dit is de fijnste graansoort die er bestaat, vrouwe. Het is inderdaad geen goud, maar voor wie honger heeft is het veel meer waard.' Nu werd Frouwkje pas echt woedend. 'Vaar meteen met je schip de zee op! En gooi het graan overboord! Onmiddellijk!'

De kapitein protesteerde. Hij vond het zonde van het kostbare graan. Maar de vrouwe van Stavoren luisterde niet. Ze bleef op de kade staan om te zien of haar opdracht werd uitgevoerd. De kapitein riep zijn mannen aan boord en gooide de trossen los. Maar toen hij de haven uitvoer kwam er een man naast de vrouwe van Stavoren staan. 'Denk eens wat minder aan uzelf,' zei hij. 'En wat meer aan alle mensen die honger hebben.'

De vrouwe van Stavoren keek opzij en deed meteen een stap achteruit. De man was een oude zwerver. Hij was in lompen gekleed en leek te vies om aan te raken. 'Haal een hand over je hart,' zei hij. 'Je kan het schip nog terugroepen.' De vrouwe van Stavoren kneep haar lippen op elkaar. De zwerver zuchtte.
'Kom, gun een ander ook wat,' zei hij na een poosje.
'Een ander?' zei de vrouwe van Stavoren. 'Wat kan mij een ander schelen?'

Even later verdween het schip uit het zicht. Het kon nu niet meer teruggeroepen worden. De oude zwerver zag het en begon te snotteren.
'Wat is er nu weer,' zei de vrouwe van Stavoren bits. 'Zeg op, man! Waarom huil je?'
'Ik huil om jou,' snikte de zwerver. 'Om hoe arm je bent. En je wordt nog veel armer, let op mijn woorden. Dat verspilde graan gaat je lelijk opbreken.'

De vrouwe van Stavoren werd nu nog bozer. Ze trok de gouden ring van haar vinger. 'Zie je dit goud,' riep ze tegen de zwerver. 'Dat heb ik niet nodig! Niets en niemand heb ik nodig!' En ze gooide de ring in de golven. 'Arme, arme, arme toch,' kreunde de zwerver. De vrouwe moest daar hard om lachen. 'Ik arm? Ik ben de rijkste van het land. De kans dat ik ooit arm zal worden is net zo klein als de kans dat ik die ring ooit weer terugzie!'

Het was inmiddels herfst en de wind beukte tegen de ramen. De vrouwe van Stavoren zat alleen aan tafel. Annetje diende een grote vis op. Ze had hem met veel moeite gekocht, want de vissers vingen al maanden bijna niets meer. Ze klaagden dat een groot graanveld op de zeebodem de vis weghield. Annetje sneed een groot stuk af voor haar mevrouw. Die nam het er flink van, tot ze op iets hards beet. 'Mijn tand,' zei ze geschrokken. Ze haalde iets uit haar mond en legde het op haar bord. Toen ze zag wat het was werd ze bleek. Het was een ring. Het was de gouden ring van Atte ...

Meteen schoot haar te binnen wat ze tegen de zwerver had gezworen. In paniek pakte ze de schaal met de vis en rende ermee naar buiten. Daar stormde het, de schaal werd met een ruk uit haar handen geblazen. De golven beukten tegen de dijk en er waaide zand in haar ogen. Ook in haar mond voelde ze zand. Zand, overal zand! Overal stoof zand, tegen de kade hoopte het zand zich op. Het zand vulde de hele haven, de schepen kwamen erin vast te liggen.

Een jaar later was de vrouwe van Stavoren weer Frouwkje. Al haar rijkdom was ze verloren. Ze zwierf door de steegjes en in de huisjes zag ze de vissers, die met hun kinderen bij de kerstboom zaten. Ze had al dagen niet gegeten.
Haar enige bezit was de gouden ring, het bewijs dat er ooit, lang geleden, iemand van haar had gehouden. Het kerkje was donker, maar je zat er beschut tegen de wind, zodat ze toch naar binnen ging.

Toen haar ogen aan de duisternis gewend waren, zag ze iemand staan. Het was de zwerver. 'Waarom huil je?' vroeg de zwerver. 'Ik huil om jou,' zei Frouwkje. 'Omdat ik je had kunnen helpen toen je honger had, maar het niet deed.' De zwerver knikte. 'Goed,' zei hij, 'zo leren we.' Frouwkje glimlachte. Ze zocht in haar zakken en haalde de ring tevoorschijn. 'Neem hem,' zei Frouwkje, 'hij is voor jou. Ruil hem voor eten, hij is veel waard.' De zwerver schudde zijn hoofd. 'Niets is meer waard dan liefde,' zei hij.

Frouwkje aarzelde. Ze wilde iets goedmaken, maar hoe? Opeens pakte ze de hand van de zwerver en schoof ze de ring om zijn vinger. 'Goed dan,' zei de zwerver. 'Goed, mijn vrouwtje van Stavoren.' Toen begon alles in de kerk te stralen. In het gouden licht herkende Frouwkje de zwerver. Het was haar Atte, kijk hem nou! Hij leek een stralende ster en strekte zijn armen naar haar uit. Frouwkje stapte naar hem toe en ging op in zijn glanzende stralenkrans. En zo werd ze wat ze altijd had willen zijn: zijn vrouwtje van Stavoren.